Nuestras mascotas favoritas

Locos por las aves

De Harold Morris
Traducción de Santiago Ochoa

ÍNDICE

Un libro de El Semillero de Crabtree

CRABTREE Publishing Company
www.crabtreebooks.com

Aves

Todas las aves tienen plumas, picos y alas.

DATO EMPLUMADO
¡Hay aves de todos los tamaños y colores!

Es importante elegir el tipo de ave adecuado como **mascota**.

pinzones cebra

DATO EMPLUMADO

Los **pinzones** cebra son pequeños y silenciosos. ¡Los guacamayos son grandes y ruidosos!

guacamayo

Algunas aves necesitan más **atención** que otras.

DATO EMPLUMADO

A la mayoría de los canarios no les gusta que los tomen en brazos.

DATO EMPLUMADO

Los **loros** necesitan mucha atención.

Asegúrate de que la jaula de tu ave sea lo suficientemente grande.

La jaula debe mantenerse limpia.

DATO EMPLUMADO

Los platos de comida y agua, así como todos los juguetes, también deben mantenerse limpios.

Alimenta a tu ave con comida de buena **calidad** de las tiendas de mascotas.

DATO EMPLUMADO

Hay diferentes tipos de comida para aves. Averigua cuál es la mejor para tu mascota.

¡Alimenta también a tu ave con frutas y vegetales!

DATO EMPLUMADO

Tu ave necesita agua fresca y limpia todos los días.

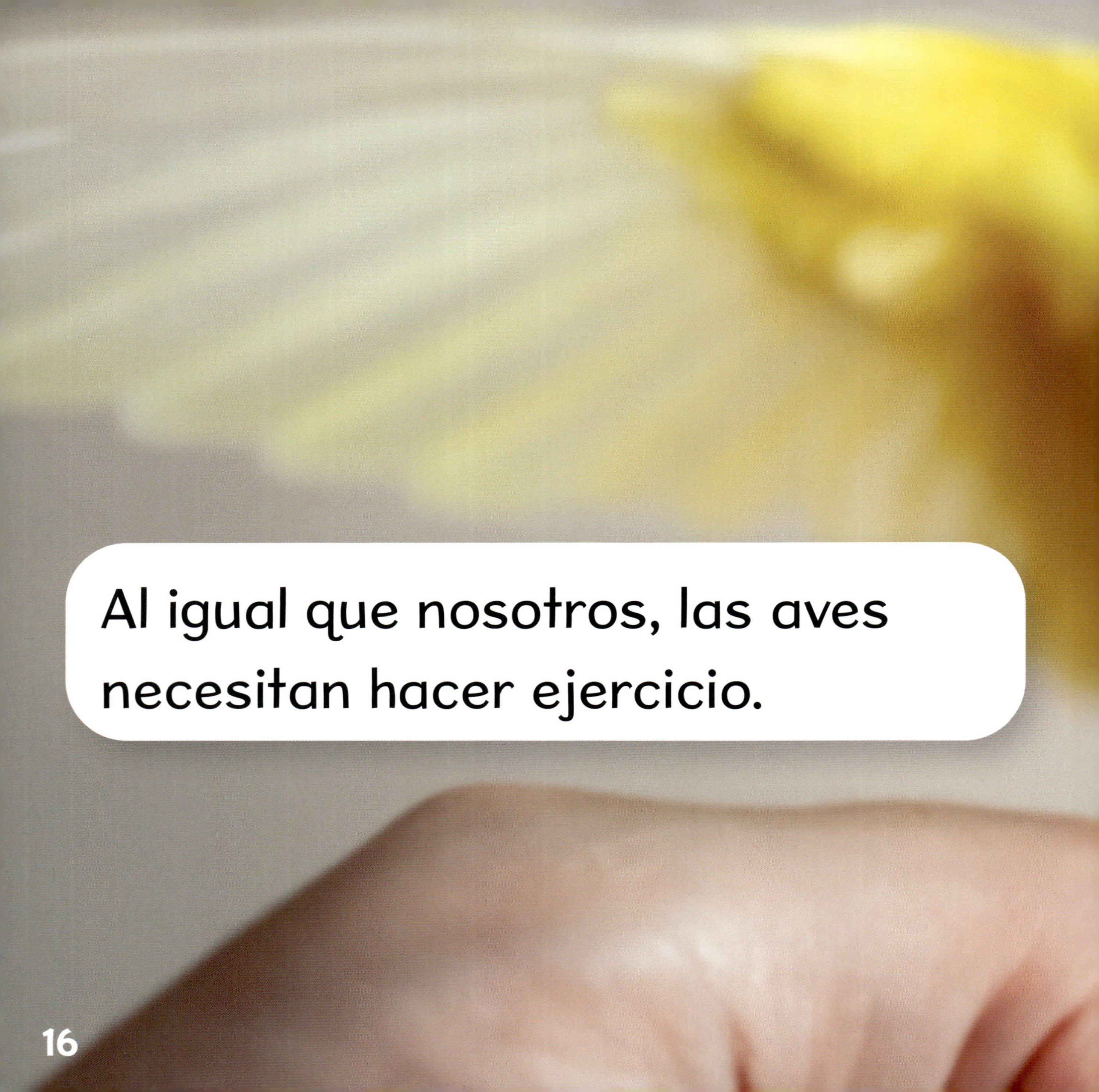

Al igual que nosotros, las aves necesitan hacer ejercicio.

DATO EMPLUMADO

Tu ave será más feliz si la **liberas** de su jaula con frecuencia.

Libera a tu ave solo en una habitación segura de tu casa.

DATO EMPLUMADO

A la mayoría de las aves les gusta jugar con juguetes.

DATO EMPLUMADO

A algunas aves se les puede enseñar a hablar o hacer trucos.

No asustes a tu ave. Háblale con voz suave y no hagas movimientos bruscos.

Glosario

atención: Prestar atención a tu ave significa pasar tiempo con ella y asegurarse de que tenga lo que necesita.

calidad: La calidad es una medida de lo bueno o malo que es algo.

liberas: Cuando liberas algo significa que lo pones en libertad.

loros: Los loros son aves tropicales con picos curvados. Algunos tienen plumas brillantes y coloridas. Hay muchos tipos de loros; un guacamayo es un tipo de loro.

mascota: Una mascota es un animal domesticado que la gente tiene y cuida por placer.

pinzones: Los pinzones son pájaros pequeños con picos cortos y fuertes. Hay muchos tipos de pinzones; el pinzón cebra es un tipo de pinzón.

Índice analítico

Apoyo escolar para cuidadores y profesores

Este libro ayuda a los niños a crecer permitiéndoles practicar la lectura. A continuación se presentan algunas preguntas orientativas para ayudar al lector a desarrollar su capacidad de comprensión. Las posibles respuestas que aparecen aquí están en color rojo.

Antes de leer

- **¿De qué creo que trata este libro?** Creo que este libro trata acerca de tener un ave como mascota para una familia. Creo que este libro trata de las cosas divertidas que hace un ave como mascota.
- **¿Qué quiero aprender sobre este tema?** Quiero aprender más sobre el cuidado de un ave como mascota. Quiero aprender a enseñar a un ave a hacer trucos.

Durante la lectura

- **Me pregunto por qué...** Me pregunto por qué a la mayoría de los canarios no les gusta que los tomen en brazos. Me pregunto por qué los loros necesitan mucha atención.
- **¿Qué he aprendido hasta ahora?** He aprendido que a las aves de compañía les gustan las frutas y los vegetales. He aprendido que las aves de compañía necesitan agua limpia todos los días.

Después de leer

- **¿Qué detalles he aprendido sobre este tema?** He aprendido que la jaula de un ave de compañía debe mantenerse limpia. He aprendido que incluso los juguetes de un ave de compañía deben mantenerse limpios.
- **Vuelve a leer el libro y busca las palabras del glosario.** Veo la palabra *loros* en la página 7 y la palabra *calidad* en la página 12. Las demás palabras del glosario se encuentran en las páginas 22 y 23.

Library and Archives Canada Cataloguing in Publication

CIP available at Library and Archives Canada

Library of Congress Cataloging-in-Publication Data

CIP available at Library of Congress

Crabtree Publishing Company
www.crabtreebooks.com 1–800–387–7650

Written by: Harold Morris
Translation to Spanish: Santiago Ochoa
Spanish-language copyediting and proofreading: Base Tres
Print coordinator: Katherine Berti

Print book version produced jointly with Blue Door Education in 2022

PHOTO CREDITS:
Cover photo © Dmitry Pichugin; background illustration on cover and throughout book © Ivanna-Ivashka; pages 2-3 © cynoclub; page 4 © OlVic; page 5 © David Havel; page 6 © Ajramadhan; page 7 © Alena Ozerova; pages 8-9 © Chittiphatra Chanchuang; page 10 © victoras; page 11 © frantic00; page 12 © Stefan von Ameln; page 13 © Neirfy; page 14 © Kolotygin Igor; page 15 © S Wizard; pages 16-17 and 18 © Christine Bird; page 19 © Korneeva Kristina; page 20 © Eppersimons; page 21 © Santhosh Varghese All photos from Shutterstock.com

Published in the United States
Crabtree Publishing
347 Fifth Ave.
Suite 1402-145
New York, NY 10016

Published in Canada
Crabtree Publishing
616 Welland Ave.
St. Catharines, Ontario
L2M 5V6

Printed in the U.S.A./062022/CG20220124